AF298687

SAINTE COLETTE

ET

LES CLARISSES

VENGÉES

PAR

TELLIOUD

EN VENTE:

CHEZ GUILLAUME ANDRÉ, LIBRAIRE

AMIENS

5, PLACE SAINT-DENIS, 5

SAINTE COLETTE

ET

LES CLARISSES

VENGÉES

~~~~~~~~~~~~~~~~~~~~~~~~~~~~~~

Pour apprécier la grandeur de sainte Colette, les hommes sensés et réfléchis n'ont plus besoin de scruter les annales des siècles passés ou de parcourir les hagiographies modernes. Ils n'ont qu'à écouter les cris de l'impiété, les blasphèmes des ennemis de l'Eglise et du Christ. Athées déclarés, briseurs de croix, apostats du baptême et même du sacerdoce, littérateurs plus ou moins corrects et manœuvres de la plume, bourgeois et journalistes produisent un concert infernal d'injures et d'outrages. A l'envie, ils déraisonnent ; ils falsifient les faits ; ils foulent aux pieds les règles de la logique et du bon sens. Cette rage satanique contre sainte Colette et tout ce qui se rapporte à cette grande sainte prouve clairement quelle place importante elle occupe dans le monde ; de quel poids pèse dans l'histoire cette vie toute remplie du surnaturel qu'on voudrait effacer et quelle influence exerce encore aujourd'hui le souvenir de cette merveilleuse existence déjà cinq fois séculaire. Toutefois, en entendant ce concert étrange, le catholique un
~~~~~~~~~~~~~~~~~~~~~~~~~~~~~~

peu éclairé lève l'épaule de pitié et de dégoût et il passe. A côté de lui, des esprits droits mais sans instruction religieuse se disent : Si on avait quelque chose à répondre, on parlerait. Le silence ressemble à la confusion. Le mépris, dira quelqu'un, est la seule réponse convenable à de telles inepties. Réponse facile, j'en conviens ; mais dans ce mépris des attaques est-ce qu'il n'y a pas aussi le mépris des âmes des petits auxquelles on ne fournit pas la réponse à faire à de tels outrages ? Si les insulteurs ne sont pas capables de profiter de ces réponses, ne faut-il pas avoir pitié de leurs victimes ? Il faudrait désespérer de l'avenir si les âmes étaient en général assez dégradées pour ne plus être capables d'admirer la beauté de la vertu et les triomphes de la foi.

On dira peut-être : Il y a des êtres complètement pervertis et corrompus qui, dans les textes les plus chastes, cherchent une pâture à leur imagination lubrique et substituent ainsi leurs pensées impures aux sentiments les plus respectables. Ils abuseront de votre réponse et empruntant à l'Evangile un texte célèbre, on ajoutera : *Nolite projicere margaritas ante porcos.* C'était, il y a quelques mois, qu'il fallait faire valoir cette règle évangélique, c'est fait malheureusement. Les perles spirituelles ont été livrées à des injures révoltantes ; elles doivent être vengées ainsi que leur glorieuse réformatrice.

Comment, dans la population chrétienne d'Amiens, une plume au service d'un cœur seulement chevaleresque ne s'est-elle pas empressée de stigmatiser un pareil outrage à des femmes, à des religieuses. Les journaux qui se disent conservateurs ont publié, sans mot dire, ce *factum* outrageant. Il a fallu qu'un éminent écrivain de Paris, sans connaître toutes les circonstances de la cause, flagellât, dans quelques pages admirables mais incomplètes, ces vieilles déclamations d'un sot philosophe. Comment, parmi ceux qui aiment à unir leurs prières à celles des Clarisses, quelqu'un n'a-t-il pas senti l'indignation qui fait l'écrivain plus facilement que le poète. Hélas ! faut-il s'étonner qu'on soit indifférent aux injures reçues par les servantes de Dieu, lorsqu'on demeure immobile devant l'outrage adressé à Notre-Seigneur Jésus-Christ lui-même ? La chute du calvaire de la Magdeleine n'a point assez vivement frappé le cœur des Amiénois pour leur rendre l'ardeur aux luttes électorales ; les déterminer à protester au moins par un bulletin contre de tels sacriléges ; leur faire déposer aux pieds de leur Sauveur outragé toutes leurs divergences d'opinion, leur amour du *farniente* et les unir dans un même sentiment de réprobation qui eut pu être fort comme un torrent et emporter les ennemis du Christ et de ses serviteurs. L'intelligence et le cœur d'un peuple sont bien engourdis, et ce peuple mérite les pires gouvernements, quand il voit le Christ tomber sans éprouver une de ces commotions vengeresses qui font de toutes les poitrines, de tous les cœurs, de tous les bras, un boulevard inexpugnable, un bataillon sacré promptement victorieux. Fût-il battu, dans une telle lutte les défaites sont triomphantes à l'égal des plus belles victoires, et c'est déjà vaincre que de s'affirmer.

Il n'y a qu'une politique bornée, inintelligente, paresseuse qui puisse donner d'autres conseils. Encore aujourd'hui, les enfants du siècle, c'est-à-dire les ennemis de Jésus-Christ, sont plus habiles et plus clairvoyants que les prétendus conservateurs. Lardières, de funeste mémoire, recueillant péniblement, en 1866 et 1867, quelques centaines de suffrages, disait avec raison : Soyez assurés que c'est la majorité dans quelques années. Amiens a donc laissé passer sans protestation le sacrilége attentat de la Magdeleine et sans réplique les sots et odieux outrages adressés aux Clarisses.

Quelqu'un dira peut-être que c'était au dernier historien de sainte Colette à défendre son héroïne et les Clarisses. Mais il n'est qu'effleuré par un trait impuissant. Les esprits tant soit peu réfléchis et attentifs se demandent quelle secrète et maladroite haine a voulu lui lancer une injure qui ne peut l'atteindre. Le passage cité n'a aucun rapport avec l'affaire des Clarisses. Il est d'ailleurs, pour tout homme sérieux, d'une chasteté parfaite et fait l'éloge de la pureté. Il n'y a qu'une âme bien gâtée qui puisse tenter d'y mettre ce qui ne s'y trouve pas et il est aussi contraire à la logique, au bon sens qu'à la pudeur de lui appliquer un qualificatif déshonorant. C'est comme si après avoir fait le tableau de la douceur et des grâces de l'agneau, on s'écriait : Voilà l'animal le plus cruel de la création. Ce sont des républicains sous l'empire desquels pullulent toutes ces publications, ces feuilletons, ces romans que l'on sait, qui osent se livrer à de telles imputations. N'est-ce pas toujours l'histoire du voleur qui croit se dissimuler en criant plus fort que les autres : Au voleur? Ce qui n'aura pas empêché sans doute les radicaux idiots et certains conservateurs gobe-mouches, toujours disposés à rire des vilenies, de se désopiler la rate devant cette sotte invention et de blâmer l'auteur dont le texte sert de prétexte à de tels outrages.

Quoi qu'il en soit, il n'y a pas lieu de s'étonner du silence gardé par le dernier historien de sainte Colette. C'était à un catholique d'Amiens qu'incombait le devoir de défendre ses concitoyennes, ses sœurs si indignement outragées. A défaut d'un Amiénois, un Picard parlera. Il n'a pas besoin de dire, ses observations précédentes l'ont déjà prouvé, qu'il veut mériter toujours l'épithète de franc à l'égard des amis comme des ennemis. Il appellera un chat, un chat et Rollet un fripon.

Le rapporteur du Conseil municipal trouve que la vie de sainte Colette est un défi jeté à la raison humaine. Cela prouve que chez lui la raison a subi une élipse presque totale. Savez-vous, M. le Rapporteur, à qui, à quoi vous vous attaquez ? Il ne s'agit pas ici d'un modeste écrivain qui a résumé des écrits anciens ; il s'agit des faits et des monuments qui les attestent. Hélas ! si nous continuons un peu dans la voie où est entrée la France, on pourra bientôt adopter comme proverbe ce mot : Ignorant comme un conseiller municipal. Tâchons de vous instruire, s'il est possible.

Il s'est formé, il y a deux siècles et demi, une pléïade d'hommes qui, de leur chef, ont reçu le nom de Bollandistes. Ils ont eu des successeurs dignes d'eux jusqu'aujourd'hui. Ce sont les plus infatigables et les plus intelligents pionniers de l'histoire. Leurs travaux ont excité l'admiration des savants dans les camps les plus opposés ; protestants, incrédules n'ont pu leur refuser leur respect, leur confiance. Napoléon Ier avait voulu s'emparer de leurs travaux pour se donner la gloire de les faire continuer. Renan trouve qu'une prison cellulaire avec les Bollandistes serait comme un paradis terrestre. Auprès de ces hommes, de ces princes de la science historique, vous êtes bien petit, M. le Rapporteur, bien petit, petit comme une colline de la Picardie auprès des Alpes, comme une motte de terre auprès de l'Himalaya. Eh bien ! ces grands maîtres de la science nous attestent que l'histoire de sainte Colette est appuyée sur les documents les plus nombreux et les plus authentiques, c'est leur expression, et ces documents avec les notes n'occupent pas, dans leur œuvre, moins de 100 pages, grand in-folio, petit texte.

Qu'on le remarque bien : Ici l'authenticité emporte la véracité ; car ce sont des documents contemporains de l'héroïne, rédigés par des témoins oculaires, de conditions les plus diverses, princes et bourgeois, magistrats et hommes du peuple, laïques et prêtres et évêques, sous le contrôle de tous, dans un siècle déjà bien avancé. Vos prédécesseurs, MM. les Conseillers municipaux d'Amiens, interviennent eux-mêmes comme témoins et vous pouvez retrouver dans vos archives, si vous êtes capables de les lire, le témoignage de leur respect, de leur vénération, de leurs libéralités pour la réformatrice du XVᵉ siècle. C'était sous cette royauté, qu'on représente comme tyrannique, ennemie de toutes les libertés. Quelle différence avec les agissements introduits par la République ! Aujourd'hui, toutes les décisions, tous les ordres émanent de Paris. Dans ces temps barbares, le roi prie les bons bourgeois d'Amiens de lui faire plaisir en favorisant sœur Colette. Le duc de Bourgogne, seigneur direct, parle avec plus d'autorité, mais sans absolument imposer sa volonté. Aussi les bourgeois indépendants délibèrent, diffèrent leur décision, s'assemblent encore, remettent l'affaire à plus tard et ce n'est qu'après mûr examen et une réserve qui augmente pour eux les revenus des biens amortis qu'enfin ils régularisent souverainement la position du couvent des Clarisses. Mais, s'ils sont de vrais libéraux et des gardiens sévères des intérêts de la cité, ils ne disent pas d'injure à celles qui viennent leur demander l'hospitalité : il s'en faut. Ils ont entendu le Roi et la Reine de France, le duc de Bourgogne, témoins, comme ils le disent, de l'admiration universelle, faire un grand éloge de Colette et de ses religieuses. Ils ont pour elles une vénération qui ne fera que croître.

En effet, un peu plus tard, au mois de janvier 1444, ils contribuent à la fête de la bénédiction du cloître en faisant un don de quatre kaînes de vin. Vous trouverez ces faits et les titres authentiques, extraits de vos archives, reproduits au chap. 44, p. 322 de l'ouvrage si

injustement méprisé par vous. J'admire, j'aime ces fiers
bourgeois des temps passés. Chrétiens fidèles, ils étaient
plus indépendants, plus sagement libéraux que ceux qui
usurpent aujourd'hui ce titre, et Augustin Thierry a
bien raison de dire : « Ne craignons pas de remettre au
« jour les vieilles histoires de notre patrie. La liberté
« n'est point née d'hier. Ne craignons point de rougir en
« regardant nos pères. Leurs temps furent difficiles,
« mais leurs âmes ne furent point lâches. Hommes de
« la liberté, nous aussi nous avons des aïeux. » Si l'es-
pace me le permettait, je vous ferais entendre Guizot
exprimant autrement les mêmes vérités. Qui n'admire-
rait comment l'humble fille du charpentier de Corbie a
inspiré au puissant Duc, au Roi de France, ces sentiments de vénération, de dévouement qui les rend ses
serviteurs empressés ? Extérieurement, elle s'est faite
plus pauvre et plus misérable encore qu'une simple fille
du peuple, et elle voit les puissants du siècle, les riches
et les sages, les politiques et les guerriers lui prodiguer
leurs témoignages d'admiration et de dévouement. Si
nous pouvions pénétrer plus intimement encore dans les
faits et les circonstances de cette époque, nous verrions
certainement quelle grande part eut l'illustre enfant de
la Picardie à la pacification de la France, à la réconci-
liation du Duc de Bourgogne avec le Roi et à la rétroces-
sion de la Picardie à la couronne. Elle usa assurément
de son influence et de la bienveillance avec laquelle elle
était écoutée à la cour de Bourgogne pour plaider la
cause de la paix et de la patrie, et c'est pourquoi, sans
doute, le Roy et la Reine de France lui furent si dévoués
jusqu'après sa mort. Quelle influence n'exerça-t-elle pas
sur son siècle en remettant en honneur les vertus qui
sont les seules bases de l'ordre social, la chasteté qui
respecte et honore les familles et les consolide, le désin-
téressement poussé jusqu'à l'amour de la pauvreté, la

tempérance devenue héroïque dans le jeûne et les privations. En inspirant aux princesses, aux filles nobles le courage de la suivre dans cette voie et de donner au peuple ces grands exemples de vertus sociales, elle fit plus pour le salut de la société que tous les politiques. Les hommes d'État, les guerriers font l'écorce de l'histoire des peuples, mais les saints en font la moelle. Il y a un bel ouvrage à faire qu'un écrivain, enlevé trop tôt aux lettres et à la foi, Armand Ravelet, se proposait d'écrire; c'est l'histoire de France par la vie des saints. Sainte Colette y occuperait une belle place.

Ah ! si d'un côté elle n'eut pas été sainte, si une puissance surhumaine n'avait pas été en elle, elle serait inconnue, ignorée comme tant d'autres, et vous ne l'outrageriez pas. D'un autre côté, s'il était possible aujourd'hui de la dépouiller de son auréole de sainteté, vous l'admireriez pour avoir su, elle plébéienne, s'imposer aux comtes, aux ducs, aux rois. Ayez donc, enfin, un mouvement de justice et, républicains prétendus amis du peuple, respectez, admirez cette glorieuse fille du peuple.

Voilà des faits qu'attestent les monuments les plus authentiques contrôlés par les princes de la science, des documents qui se trouvent dans vos propres archives. Vous vous heurtez à des faits qui sont comme un granit; Pygmées, vous attaquez les géants de l'histoire ; successeurs dégénérés des grands bourgeois des siècles chrétiens, en voulant détruire leurs œuvres, vous montrez que pour vous la liberté n'est qu'un mot menteur. Votre raison, qui n'est pas d'accord avec la raison de ces bourgeois et de ces savants, court risque de ne mériter qu'un nom tout opposé. Si vous ne voulez pas faire litière de tous les titres de l'histoire et vous jeter dans un scepticisme absolu, vous êtes obligés d'admettre les merveilles qui remplissent la vie de sainte Colette. Cela vous paraît difficile, amer même. Il en résulterait surtout des conséquences que vous redoutez ; mais vous luttez en vain contre ces faits et les preuves invincibles qui les certifient.

De là aussi une autre conclusion : la vie de sainte Colette n'est pas un défi jeté à la raison, c'est une invitation adressée par la Providence à la raison, l'excitant à se servir de ses forces naturelles pour s'élever jusqu'à Dieu et lui demander son secours afin d'arriver jusqu'à Jésus-Christ, seul principe de vie et de salut pour les sociétés comme pour les individus.

La vie de sainte Colette fut grande, noble, et excita justement l'admiration, le respect, la vénération de ses contemporains. Si les religieuses, actuellement cloîtrées rue du Loup, sont restées, comme on n'en peut douter, à la hauteur de leur réformatrice, on peut facilement se représenter la vie pure, austère, céleste qu'elles mènent à l'abri des regards indiscrets.

C'est une conclusion diamétralement opposée à celle de M. le Rapporteur qui ajoute ensuite que ces religieuses sont inutiles et même dangereuses. Inutiles ? Nous examinerons ce point plus tard. Dangereuses ? Et pourquoi. Parce qu'une sœur cloîtrée ne pourra échapper à la captation, aux influences qui lui enlèveront la liberté de disposer de son héritage. Cette accusation sans preuve n'est qu'une odieuse calomnie devant les faits. Un des collègues de M. Godefroy le lui prouve par cette simple observation : c'est que depuis plus de quatre cents ans qu'elles existent, les pauvres Clarisses n'ont encore accaparé que la modeste habitation dans laquelle elles abritent leurs vertus, leurs prières et leurs sacrifices. Si Godefroy-Fiquet avait un peu de cette logique, il aurait compris que sa supposition est absurde. Si les Clarisses n'étaient pas fidèles à leurs règles, elles n'existeraient plus. Le désordre, la discorde, les discussions les auraient dispersées et empêchées de se recruter comme il arriva, avant sainte Colette, à beaucoup de monastères qui devinrent vides parce que les règles n'y étaient plus observées. La pauvreté absolue est une de ces règles. Elle interdit même le désir des biens de ce monde. Violée, chassée par la cupidité, elle se serait enfuie et aurait emporté avec elle les autres vertus et la vie chrétienne. Les Clarisses existent encore, donc elles sont pauvres et n'ont rien capté. Ce raisonnement très-solide dépasse peut-être la portée d'esprit de Godefroy-Fiquet.

L'ex-avoué Poulle, récemment bombardé conseiller de Cour d'appel à Douai, vient au secours du pauvre Rapporteur et, dans son génie, il a découvert que les vœux de célibat, de pauvreté et de claustration sont contraires à la dignité humaine, à la nature, aux fins de la société et de l'humanité. Sa grande autorité a entraîné la majorité du Conseil, treize contre sept. Treize hommes, représentant la grande cité d'Amiens, capables de signer une énormité pareille! MM. les Treize, le cœur me bondit de ce que je vais être obligé de vous dire. Est-ce que pour vous l'humanité n'aurait qu'une fin, la reproduction? L'homme ne serait-il à vos yeux qu'un animal reproducteur? Vous ravalez ainsi le genre humain! Vous n'avez jamais vu que dans vos parterres les plus belles fleurs sont des fleurs doubles incapables de se reproduire? Vous ne savez pas, par l'histoire, que de grands génies, pour développer plus librement leur intelligence et vivre dans les sphères les plus élevées de l'esprit, se sont condamnés au vrai célibat, condamnés, je m'exprime mal, ont embrassé avec bonheur cette vie complètement abstraite des sens? Le célibat contraire à la nature, à la dignité humaine! Y pensez-vous, MM. les Treize ; mais regardez autour de vous, au-dessus de vous et au-dessous de vous. Ils sont nombreux malheureusement les célibataires non cloîtrés, jouant un rôle plus ou moins considérable dans le parti dont vous servez les haines contre la religion et ses œuvres, sans compter les milliers d'hommes que vos lois les plus chères condamnent à un célibat prolongé. Ces personnages, masculins, féminins, dont les noms se présentent si facilement à l'esprit, mènent une vie contraire à la nature et ont perdu la dignité humaine! Vous le déclarez solennellement. Votre patron, votre docteur Voltaire n'a jamais vécu conformément à la nature, a foulé aux pieds la dignité humaine toute sa vie. Je vous l'accorde, mais pour d'autres motifs.

Pour sauver tant de vos amis dont, par une si maladroite haine des vertus religieuses, vous prononcez la condamnation, oseriez-vous dire que leur célibat n'est qu'apparent comme celui du polisson Voltaire. Alors surtout vous enlevez toute dignité humaine à ces êtres qui violent les lois sociales. Vous les rejetez au-dessous de la nature humaine qui doit toujours être raisonnable, jusque dans la bestialité qui n'a plus que des instincts et des appétits. On n'en connaît que trop de ces célibataires, effroi des familles, corrupteurs des jeunes filles et honte de l'espèce humaine. Treize imprudents, treize étourdis qui déshonorez ainsi vos amis les plus chers! Qu'on dise encore que la haine n'aveugle pas! Comment, d'ailleurs, osez-vous refuser votre avis favorable à une réunion de femmes célibataires et pures, vous qui l'accordez si facilement à tant d'autres réunions infâmes? Il n'y aura donc plus de tolérance que pour le vice!

Assurément, c'est le célibat religieux qui vous offusque et vous inspire ces condamnations injustes; mais, battus sur ce point, ne dites pas que la pauvreté est dégradante. Vous, prétendus amis du peuple, vous, de bouche, soutiens des petits et de ceux qui vivent au jour le jour, vous oseriez soutenir que la pauvreté est contraire à la dignité humaine ! Voilà une philosophie bien étrange ! Que bien plus nobles et plus utiles à tous, aux riches et aux pauvres, les exemples et les leçons de l'humble fille du charpentier de Corbie ! Elle débuta par un acte de charité héroïque, distribuant aux pauvres tout son petit patrimoine et toute sa vie à l'exemple si éloquent de la pauvreté courageusement supportée, elle joignit toujours une générosité inépuisable, se privant et privant ses sœurs du nécessaire pour les pauvres et, dans des famines, devenant la providence des familles abandonnées. Vous avez vu tant de choses dans sa vie, pourquoi n'y avez-vous pas vu ces faits si admirables et si utiles à rappeler. Cette mission de charité, d'encouragement et de consolation, les filles de sainte Colette la continuent admirablement ; elles prouvent, par leur exemple, qu'on peut être heureux et honoré dans les privations, dans les labeurs et les veilles, dans la simplicité du vêtement comme dans la grossièreté de la nourriture. Voilà qui relève la vraie dignité humaine, indépendante des choses matérielles, des sens et de tout ce qui les flatte, du luxe et de toutes ses sottes inventions. Vous ne pouvez pas comprendre cela, vous ne pouvez pas atteindre à ces hauteurs, vous à qui il faut des chefs qui, hier sans demeure, se pavanent dans des palais, jouent avec des millions, engraissent leur chair des mets les plus recherchés et se débarbouillent de la crasse paternelle dans des baignoires d'argent, tandis que ceux qu'ils ont égarés par leurs sophismes périssent de faim et de misère.

Mais les Clarisses sont cloîtrées ? Pourquoi, afin de se conserver plus pures, ne se soustrairaient-elles pas à la poussière, à la boue des sociétés humaines et des vices de nos villes. Les plus belles fleurs ne se conservent qu'à l'abri de l'atmosphère empoisonnée des cités,

Vous n'avez pas compris la leçon que vous donne la vraie nature sous ce rapport. Pourquoi certaines âmes n'auraient-elles pas le droit de vivre dans une société restreinte, s'aidant, se soutenant mutuellement? Au nom de la liberté vous prétendez le leur interdire, et pour justifier une si odieuse tyrannie, vous dites une absurdité énorme. Selon vous, la claustration abêtit! Voilà une parole philosophique! Sages qui voulez creuser les principes et les développer, savants qui voulez apprendre, mathématiciens qui combinez vos équations, fuyez votre cabinet; allez par les rues et les places publiques; livrez votre esprit aux mille riens de la rumeur publique. C'est au milieu de ce tourbillon que votre intelligence trouvera de nouveaux aperçus, des solutions qui étonneront le monde. Voilà ce qu'a découvert l'illustre Poulle, ancien vénérable de la loge d'Amiens, Conseiller à la Cour d'appel de Douai. Ah! si nos religieuses s'enfermaient dans le temple maçonnique pour renouveler tous les jours les cérémonies grotesques du maçon, et n'ayant à étudier que ses principes, leur âme serait promptement abêtie; c'est vrai. Mais elles ont, M. Poulle, un livre que vous feriez bien d'étudier enfin, l'Evangile et ses développements par les saints Docteurs, les exemples du Dieu fait homme. Avec ces éléments, la solitude devient vivante et animée. L'intelligence guidée par celui dont l'action a produit les sociétés chrétiennes, s'élève à des hauteurs que vous ne connaissez pas. Ce n'est pas pour faire briller leur pénétration, leur puissance intellectuelle, c'est pour épurer leur propre esprit et diriger leur cœur vers ce qu'il y a de plus pur et de plus saint. C'est pourquoi l'on a dit justement que ce sont des anges dans des corps mortels.

Mais elles ont quitté leur famille respective. Est-ce qu'il en est beaucoup de notre temps qui restent au foyer natal ; qui ne contractent pas d'autres devoirs et par là se mettent dans l'impossibilité absolue de pouvoir ensuite rendre aucun service à leurs parents? Pourquoi en condamnez-vous pas aussi ces imprudents qui s'enchaînent dans des liens humains de différente nature; qui pour leurs enfants sont obligés de négliger leurs parents.

Je pourrais ajouter les vrais motifs qui non seulement légitiment mais rendent admirable cette fuite du monde, cette séparation même de la famille. Vous qui citez l'Evangile sans le comprendre et en le dénaturant, si vous vouliez le lire attentivement vous y trouveriez les principes qui commandent cette conduite ; mais vous n'êtes peut-être pas capables de comprendre ces enseignements de la sagesse divine. Il est même douteux que vous compreniez bien les mots dont vous vous servez. Vous trouvez toute la vie religieuse contraire à la nature, à la dignité humaine. Qu'entendez-vous par ces mots? Qu'est-ce que la nature? Quelle est cette nouvelle règle morale qui condamne les vœux religieux? Qu'est-ce que la nature? Est-ce celle du bon Lafontaine dissipant sa fortune sans nul pensement, contant de sales gaudrioles et préparant la matière d'une pénitence plus glorieuse que ses fables elles-mêmes?

La nature est-ce celle de l'ivrogne dont on dit : qui a bu boira ; parce que la nature et le vice se sont pour ainsi dire identifiés? La nature est-ce cette créature déchue qui à la chute du jour sort de son repaire, commence à rôder dans certaines rues de nos villes et cherche sa proie pour la dévorer en la flattant? La victime et le bourreau diront aussi qu'ils suivent la nature, et je ne vois pas ce que pourra leur répondre M. Poulle, rédacteur de l'ordre du jour qui renferme ces belles doctrines. Si M. le Conseiller à la Cour d'appel de Douai, pour rendre ses jugements, n'interroge que cette nature, ses justiciables auront beau jeu. Les voleurs eux-mêmes lui

diront que la nature a mis en eux un désir insatiable de
posséder en même temps qu'une horreur instinctive pour
le travail et la fatigue et qu'ils n'obéissent qu'à ses lois
en ne faisant rien et en volant pour vivre. Qu'opposer à
cette réponse *toute naturelle?*

Il dira peut-être que la nature doit être gouvernée par
la raison. La nature ne suffit donc pas, et il a tort de
s'appuyer sur elle pour condamner les vœux religieux.
Mais quelle raison doit gouverner la nature? Il y en a
une qui ne condamne pas du tout cette nature, même
la nature vicieuse dont nous parlions tout-à-l'heure. Elle
se déifia un jour et, pour se représenter dignement, elle
choisit une créature dégradée qu'elle eut la sacrilége
audace et l'impudeur de placer sur les autels du Dieu
vivant. Le Rapporteur et M. Poulle sont bien d'accord ;
l'un invoque la raison, l'autre la nature. Cela fait bien
la déesse raison sous la figure d'une courtisane. O ré-
volutionnaires, vous ne savez rien inventer, vous êtes
toujours les mêmes. Au lieu de travailler à ennoblir
l'humanité en lui montrant les voies du Christ pour
l'exciter à la pratique des plus nobles vertus, vous voulez
l'abaisser, la dégrader toujours en l'enfonçant dans les
jouissances de sa nature animale et vous osez parler de
dignité humaine ! Qu'entendez-vous par ces mots? Il
faudrait d'abord s'en faire une idée juste. Il nous semble
qu'un des premiers éléments de la dignité humaine,
c'est d'accorder le moins possible à tout ce qui rap-
proche l'homme de l'animalité, et même le fait des-
cendre au-dessous quand il s'en laisse dominer. Sans
doute, il est obligé de nourrir son corps et de le laisser
reposer, mais moins il lui accordera sous ce rapport,
plus il s'élèvera au-dessus de l'animal et plus il s'enno-
blira. La dignité humaine ne consiste pas à vêtir son
corps d'habits somptueux, à le nourrir de mets délicats,
à l'abreuver de vins exquis, à mener joyeusement cette

copieuse bombance qui boursouffle le ventre ci-devant efflanqué des tribuns parvenus, comme dit Féval. Ceux qui vivent ainsi sont justement condamnés comme des consommateurs inutiles. Quand ils auraient un peu de retenue dans toutes ces jouissances, quand ils ne se dégraderaient point par des excès ignobles, les viveurs ne seront jamais le type de la dignité humaine. Il y faut une tempérance sévère. Ce n'est pas assez ; à cette âme maîtresse de ses sens, il faut des aspirations élevées, un but noble et surtout une constance immuable dans la poursuite de ce but. L'esprit changeant et versatile qui s'agite sans fixité ni dans son but ni dans les moyens de l'atteindre, qui ne sait point prendre une résolution généreuse et s'y tenir, a-t-il de la dignité humaine ? Personne ne lui en reconnaît, on dit : c'est un esprit léger et inconstant.

Il est impossible de trouver d'autres éléments de dignité humaine. Ils se rencontrent éminemment dans les Clarisses, dans leurs vœux et dans tous ceux qui, comme elles, les font et les observent. Au corps, une nourriture suffisante mais parcimonieuse, un vêtement commun, des labeurs, des fatigues, des veilles ; à l'âme, l'étude continuelle d'une doctrine sublime, la contemplation d'un modèle divin, des vues supérieures, des élans surhumains, des aspirations célestes et une constance invincible dans la recherche et la poursuite de ces biens spirituels, dans la culture et le développement de l'esprit et des sentiments épurés du cœur. Si la dignité humaine n'est pas là, elle n'est nulle part.

Ces nobles types de la dignité humaine peuvent-ils être inutiles au milieu de la société ? Leur vie tout entière n'est-elle pas une protestation nécessaire contre les abaissements de l'existence vulgaire, une excitation à la pratique des vertus, fondement nécessaire de toute société ? Ce qui a été dit déjà le prouve surabondamment.

Mais je comprends que les Conseillers municipaux les accusent d'inutilité parce qu'elles donnent à Dieu une grande partie de leur existence.

En passant dans vos rues, j'ai souvent vu des militaires armés de toutes pièces, se promenant gravement sur un très-petit parcours. Leur air recueilli, sévère, éloigne l'idée de leur adresser la parole. Dans les temps les plus désagréables, ils n'ont pour s'abriter qu'une petite cellule formée de quatre planches. J'ai demandé ce que faisaient ces hommes qui me paraissaient inutiles et condamnés sans motif à une dure existence. Ces hommes, m'a-t-on dit, sont des factionnaires placés là pour honorer quelque haut dignitaire qui habite cette demeure.

En lisant vos journaux, j'ai vu qu'une escorte accompagne toujours les présidents de nos assemblées lorsqu'ils vont prendre possession de leur fauteuil. Ils ne courent aucun danger ; mais c'est pour les honorer que des hommes passent la meilleure partie de leur vie à présenter les armes. Pour de simples mortels vous sacrifiez ainsi des existences et vous trouvez inutile que des âmes généreuses acceptent la charge de faire faction et de présenter les armes devant la Divinité. Un peu de logique, MM. les Treize du Conseil municipal d'Amiens. Peut-être en est-il parmi vous qui nient la Divinité. Ce ne ne sera pas le maçon Poulle, votre coryphée dans cette affaire. Il rend hommage au grand architecte de l'univers. A cet être suprême, les honneurs de l'humanité. Incapable de les lui rendre convenablement, qu'elle accepte le service volontaire de ces âmes trop grandes pour les petitesses de la terre et attirées naturellement vers les hauteurs de l'intelligence et de la vertu, grand et noble service rendu à l'humanité, fonction sublime remplie par les Clarisses et tant d'autres qui les imitent sous différentes règles.

Un malheureux transfuge qui n'a pas conservé par l'humilité et les autres vertus sacerdotales le parfum du saint chrême, se fait le misérable émule des Conseillers municipaux d'Amiens. A propos d'une faveur insigne accordée à la réformatrice des ordres religieux au xve siècle, il se rue avec furie contre le surnaturel ; mais ses plates plaisanteries sur le titre des métaux célestes et l'habileté des ouvriers angéliques sont bien impuissants devant l'histoire. C'est lui cependant qui nous a fait remettre la main à ce travail abandonné. Une goutte d'eau fait déborder le vase ou fait incliner le plateau de la balance.

Lui aussi nous le renvoyons à ces princes de la science historique, aux monuments qu'ils ont contrôlés et trouvés indiscutables. Quelque haut que l'élève l'idée qu'il a de lui-même et le vote de quelques mécréants de Genève qui ont fait de lui leur jouet en l'intitulant curé de la cité protestante ; il est bien petit devant ces docteurs en histoire comme devant les milliers de docteurs papistes qu'il méprise. Prenez garde, le mépris qui part de si bas et qui prétend monter si haut retombe tout entier sur son auteur avec toute la force que lui donne la vitesse acquise selon les lois de la chute des corps. Qu'est-ce qu'un prétendu curé de Genève, par la grâce de quelques incrédules, en face du Sénat de l'Eglise catholique, des docteurs, de deux cents millions de fidèles, l'élite du genre humain, en face de ces docteurs, de ces savants des siècles passés ? Quand on est si peu de chose, on peut s'accroître en s'unissant à ce qui est vraiment grand, en abreuvant son esprit et son cœur aux sources de la vérité et de la vertu qu'on ne trouve qu'en Jésus-Christ par l'Eglise catholique. Pour se préparer à la conquête de ce bien suprême, qu'il lise l'histoire de l'Eglise et notamment du xve siècle, il sera comme écrasé par le surnaturel qui y éclate de toutes parts. Ah ! sans doute alors, comme aujourd'hui, l'humanité s'y montre avec des traits quelquefois bien repoussants et l'Eglise de Dieu n'échappe pas à la triste condition d'avoir dans son sein des hommes fragiles et sujets aux passions ; mais cependant que de grandes et héroïques vertus ! que de merveilles surnaturelles ! Qui, s'il n'est pas complètement étranger à l'histoire, n'a suivi avec émotion saint Vincent Ferrier et les multitudes que sa parole entraînait à sa suite ? Qui a pu lire avec indifférence le récit de ces innombrables miracles accomplis devant des milliers de témoins ? Ce grand orateur, ce puissant réformateur, ce tribun de la sainteté se fait lui-même le témoin indiscutable de sainte Colette.

Une autre contemporaine de ces personnages affirme le surnaturel par sa candeur et son héroïsme, sa pureté virginale et son habileté militaire, ses triomphes et son martyre. Le philosophisme et le naturalisme n'ont jamais pu et ne pourront jamais que patauger dans des non-sens, des suppositions incohérentes et des falsifications historiques pour échapper à la leçon lumineuse que donne Jeanne d'Arc poursuivant après sa mort ses triomphes patriotiques et religieux au milieu des injures et des outrages de ceux qu'elle a délivrés de la domination étrangère.

Dans cette époque si féconde en merveilles surnaturelles un pauvre égaré choisit un fait particulier pour essayer d'ébranler la foi au surnaturel. Sur des esprits quelque peu instruits ses efforts seront vains ; mais il peut tromper des ignorants et réjouir des intelligences déjà dévoyées qui ne demandent qu'à être trompées. Que dit-il donc pour provoquer des doutes sur la relique de la Vraie Croix donnée miraculeusement à sainte Colette ? Oyez la force de ses raisons ! C'est que sainte Colette n'a été canonisée qu'en 1807, trois siècles après sa mort. En quoi cela infirme-t-il les monuments historiques du xve siècle ? Ex-abbé, si au lieu de pervertir votre esprit et de corrompre votre cœur par de mauvaises lectures, vous aviez scruté les Bollandistes et les hagiographes sérieux, vous auriez vu que tous les historiens de sainte Colette depuis le premier jusqu'au dernier rapportent ce fait en l'appuyant sur des témoignages irrécusables. Vous sauriez où trouver ce trésor céleste, à Poligny, et vous ne vous adresseriez pas à la Picardie qui n'a jamais eu le bonheur de le posséder, alors qu'il est bien plus près des lieux où vous essayez en vain de vous former une paroisse, objet d'horreur pour les vrais croyants et jouet des impies.

L'étude de l'histoire vous aurait aussi fait comprendre pourquoi malgré la vénération universelle pour la grande vierge Picarde, malgré les manifestations nombreuses de sa puissance auprès de Dieu, malgré le vif désir exprimé par plusieurs des plus grands pontifes assis sur la chaire de saint Pierre, le procès de canonisation avait duré si longtemps. Les règles de la congrégation des rites sont sévères. Gand où est le tombeau de la sainte, est éloignée de Rome ; les pontificats sont courts ; les guerres fréquentes ; les troubles incessants ; les procédures interrompues sont nulles. C'est ainsi que le jugement fut retardé jusqu'en 1790 ; mais la publication n'en pût être faite qu'en 1807. Cette seule étude eut peut-être provoqué chez vous, prêtre catholique, ce cri d'admiration arraché à un protestant devant les sévérités et la prudence extrême des tribunaux romains, et fier d'être dirigé par des juges si sages vous auriez conservé votre foi et repoussé les assauts livrés à votre âme chancelante par le doute et l'impiété. L'ignorance et l'orgueil ont fait de vous un apostat, un impie. Ce mot vous révolte et tombé des lèvres austères de l'Eminent cardinal de Paris il semble vous brûler. Cependant il est juste et vrai comme la sentence d'un juge impartial. Apostat, impie, vous vous êtes servi des témoignages de confiance que vous avait donnés l'Eglise votre mère pour déchirer son sein et la couvrir de boue. Interprêtant sans pudeur et sans logique ses règles les plus sages, ses lois les plus sévères, vous avez voulu en faire une arme pour immoler les âmes innocentes et confirmer dans l'impiété et la révolte ceux qui avaient le tort de vous lire. Aujourd'hui vous vous attaquez au Christ lui-même et à ses saints en voulant tourner en dérision les faveurs surnaturelles que, d'après les témoignages les plus certains de l'histoire, la bonté divine a accordés à ses serviteurs pour les encourager dans la pratique de leurs héroïques vertus et dans leur dévouement au salut du monde. Au lieu d'imiter sainte Colette et de vous tenir au pied de la croix où vous auriez trouvé force et consolation, lumière et joie spirituelle, l'innocence et la paix, vous essayez de ridiculiser la vénération pour le bois sacré de la croix. Ah ! plutôt, infortuné, venez déposer au pied de cette croix le fardeau qui vous accable ; venez y briser les chaînes de fer qu'a connues saint Augustin et qu'il a enfin rompues ; venez y briser votre front superbe et vous y retrouverez la lumière et la paix, l'affection de tous ceux qui vous pleurent et l'estime de tous les vrais enfants de Dieu.

ÉPILOGUE.

—

Les fidèles peuvent donc lire en toute confiance la vie de sainte Colette dont tous les faits sont appuyés sur des témoignages solides, inébranlables. Ils peuvent admirer sans trouble et les grandes vertus de l'illustre réformatrice et les faveurs merveilleuses dont Dieu se plut à la récompenser dès ce monde. Ses filles spirituelles inviolablement fidèles à son esprit demeurent dignes de tout respect. Dans la société chrétienne, elles remplissent un devoir aussi noble qu'austère devant la majesté divine. Tous les membres de la famille catholique leur doivent plus qu'une admiration stérile, un concours, une assistance efficaces. C'est ce que nous voulions mettre en lumière en répondant à d'ineptes critiques.

Laus Deo et sanctæ Coletæ.

Abbeville. — Imprimerie C. Paillart.

ustre
eu se
uelles
es de
ssent
ajesté
leur
ours,
ilions
es.